King o the Midden

EDITED BY MATTHEW FITT AND JAMES ROBERTSON
ILLUSTRATED BY BOB DEWAR

First published in the UK in 2003
This edition first published in the UK in 2022 by Itchy Coo

ITCHY COO is an imprint and trademark of
James Francis Robertson and Matthew Fitt and used under licence by
Black & White Publishing Ltd
Nautical House, 104 Commercial Street, Edinburgh EH6 6NF

A division of Bonnier Books UK
4th Floor, Victoria House, Bloomsbury Square, London, WC1B 4DA
Owned by Bonnier Books
Sveavägen 56, Stockholm, Sweden

A CIP catalogue record for this book is available from the British Library.

ISBN: 978 1 78530 404 0

1 3 5 7 9 10 8 6 4 2

LOTTERY FUNDED

Layout and cover design by Creative Link
Printed and bound in China

www.blackandwhitepublishing.com

CONTENTS

PREFACE

King o the Midden will mak you laugh. We're no kiddin. Aye, it's a fact.

How dae we ken this? Weel, for gey near twenty fun-filled years, bairns, young and auld, have been laughin their soacks aff at aw the manky mingin poems in this book.

And wi this special edition, published tae merk Itchy Coo's 20th birthday, we're delighted tae weelcome a haill new generation o readers.

And you're gonnae laugh as soon as ye open *King o the Midden*. Ye cannae help it. Wait tae ye see the Bahookie Dug and Sergeant Snoddy fae Kirkcaldy and the Furry Hat on the auld wifie's heid.

Ye'll be rollin aboot when you find oot who's been in the cludgie and whit happens when ye eat a bowfin bacon roll.

And never mind soacks. Ye'll be laughin yer heid aff at the Bletherin Barber, Captain Numpty, Fred the Fush and Harry chungin his sister's dolly oot the windae.

Whit a collection o honkin, howlin characters are in this book. Written by wonderful writers like Gregor Steele, Ali Christie, James McGonigal, Sheena Blackhall, Brent Hodgson and the first Scots Makar, Edwin Morgan. We're awfie proud o them aw.

And it maks us smile tae ken that for maist o the 21st century weans and young folk, their teachers and parents, have been readin this book and aw the other books published by Itchy Coo.

Oor first books came oot in 2002. Noo, we believe mair than ever that readin *King o the Midden* and the stories and poems in the other Itchy Coo books is the best and maist fun wey tae learn aboot the Scots language.

Matthew Fitt & James Robertson
(Editors)

Tae the Memory o Willie Soutar (1898-1943)

FURRY HAT

There wis an auld wifie
Wha bade in a flat
Wi a one-leggit parrot
An a flechy broon cat.

She fed them on micro chips,
Liver and ingan.
The pair o them thocht
That their diet wis mingin.

Syne the parrot gaed doitit,
The cat drapped doon deid,
An the cat's noo a hat
On the auld wifie's heid.

Lydia Robb

TEACHER

Oor teacher comes frae Venus,
Her legs are purple jelly,
She's twa antennae on her heid
An fower een in her belly.
She says, "Call me Miss Trrgtkn,"
But we jist cry her Nelly.

Mary McIntosh

THE BLETHERIN BARBER

A bletherin barber frae Ayr
Said tae the man in the chair,
"It's snawin, I fear" –
But the man couldnae hear,
Cause his lugs were lyin on the flair.

Ali Christie

OXTERS

Oxters are ugsome things,
They bide beneath yer airms.
They're switey an they're mingin,
An fou o hairy wurms.

Mary McIntosh

STAY AWA FAE LAWNMOWERS

Stay awa fae lawnmowers:
Lawnmowers are bad for the feet.
Ah wis mowin an cut aff aw ma taes,
An ah can tell ye – it made me greet.

Brent Hodgson

CARLUKE

There wis a wee lad fae Carluke
Whase faither wis born a Duke.
Their name wis McDimple-
Fartington-Pimple,
An he wis the Honourable Pluke.

Ellie McDonald

BOGIE-MAN

Bogie-man, bogie-man,
Far is yer hanky?
Yer snotters are lang
An yer habits are manky.
Snochers an pyochers
An sneezles an hoasts
Shouldna be spread
By atishooin ghosts!

Sheena Blackhall

ATCHOOOO

Chimpanzees sneeze
Intae the breeze
Tae get their ain back.

Mary McIntosh

MEH GRANNIE'S WALLIES

Meh Grannie's wallies
Are dookin in a glass –
Twa sharks sweemin
In a tumbler as Eh pass.

Ali Christie

GRANDA'S TEETH

Granda's teeth ging *glugger glugger glug*
Doon at the boddom o his cheena mug.
Nae last nicht but the nicht afore
They lowpit fae the watter
An they clattered oot the door.
"Help!" cried the postie,
"Watch yer back!
Granda's teeth's gyaun
Clack! Clack! Clack!"

Sheena Blackhall

LAST NICHT

Last nicht I waakened up an saw,
Wi muckle fear an doom,
A wee moose squeakin at the taes
O a ghostie in ma room.
Whit the moose said tae the ghostie
I dinnae richtly ken,
But he flegged it richt awa
For it's ne'er been seen again.

It slinkit aff alang the road
As quick as it could pack,
The auld broon suitcase in its haun
An the rucksack on its back.

The moose climbed up intae ma bed
An cooried at ma feet.
An noo I'm warm an safe frae herm
An winnae hae tae greet.
I dinna need ma mam or dad
Tae come an save ma skin.
The moosie is ma special freend –
He'll let nae ghosties in.

Aimee Chalmers

FRED THE FUSH

Fred the fush,
He had a wush.
He wushed that he
Wis in the sea
Swimmin wi his mate
An haein a yatter,
An no on a plate
Swimmin in batter.

James Robertson

THE NEWS AT TIN

Ah've got a blue parrot,
Ah keep him in ma breid bin.
Ah let him oot yince a nicht
Sae he can watch *The News at Tin*.

Brent Hodgson

BOWFIN

I hid a bowfin puppy dug,
It piddlit on the mat.
An sae ma mither kicked it oot
An noo we hae a cat.

Sheena Blackhall

SHOTTS

There yince wis a laddie fae Shotts,
Whase coupon wis covert in spots.
His freens wirnae fair,
They thocht it wis rare
Tae yaise him tae play jine-the-dots.

Gregor Steele

LITTLE MISS MUFFET

See yon Miss Muffet
That sat on a tuffet
Feart o an ettercap?

Weel, Andra an me,
We baith agree
She seems a richt wee sap!

Margaret Tollick

HUMPTY DUMPTY

Humpty Dumpty sat on a waw.
Of coorse he should niver hae been there at aw!
If he'd heeded his mither, cam doon when she wanted,
He widna hae gotten his heid sae sair dunted.

Margaret Tollick

PETER PIPER

Peter Piper picked a peck o pickled pepper.
Whit fir, the daft wee loon?
If Peter Piper picks yon peck o pickled pepper,
We'll be here aw efternoon!

Margaret Tollick

JOCK AN JEAN

Jock an Jean,
A pail atween,
Went tae the well richt cheery,
Till wee Jock stummelt,
An doon he tummelt,
An Jean went tapsalteerie!

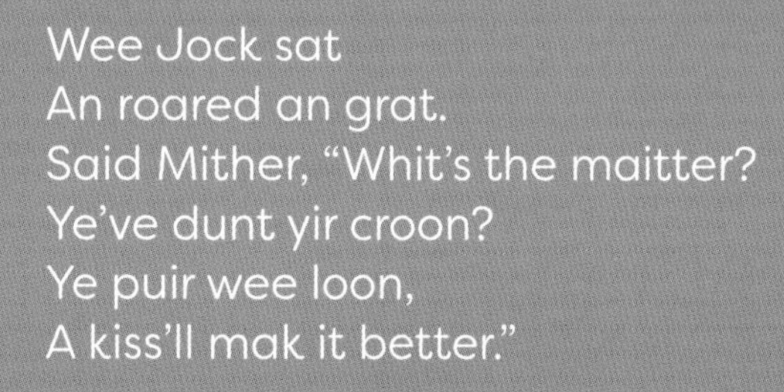

Wee Jock sat
An roared an grat.
Said Mither, "Whit's the maitter?
Ye've dunt yir croon?
Ye puir wee loon,
A kiss'll mak it better."

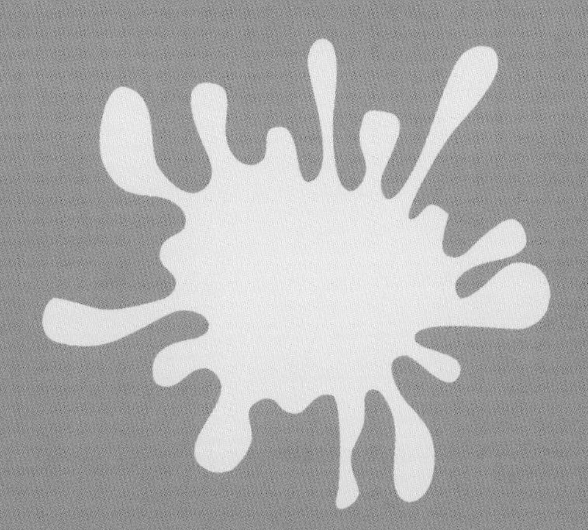

Jean's braw dress
Wis sic a mess –
She'd landit in a puddle.
"Ye've tears an aw?
Then come awa,
We'll stap them wi a cuddle."

Margaret Tollick

GOLF LEGEND

Wee Wullie Wallachie
Skited a baa
Intae the air
Whaur it cloured a black craa.

It drapped lik a stane
Richt intae the glaur
An that's hoo the birdie's
Noo one unner par.

Ellie McDonald

GLENEAGLES

There wis a wee man at Gleneagles
Wha taen a great fit o the geegles.
He laughed an he laughed
As he hooked an he sclafft,
For aa that he hit wis fower seagulls.

Ellie McDonald

BOGGIN BEASTIES

The Bogie Bird bides up yir neb,
E'er syne it wis a chick,
An when it's feelin hungry,
It ayewis taks its pick.

The Bahookie Dug is ugsome,
It bides doon in the cowp,
An the scaffies say its coupon
Looks like a muckle dowp.

The Shunkie Sherk's fair fykie,
It likes tae stey weel hid.
It flegs fowk in the cludgie
When they lift up the lid.

Ye widnae say the Mingin Moose
Wis bonnie as a rose.
It feeds oan spicy ingans
An the cheese atween yir toes.

The Boakin Budgie has some freens,
They're cried the Pukin Parrots.
They luve tae flee abune yir heid
An shooer ye wi diced carrots.

Gregor Steele

FINELLA THE FORK

Finella the Fork
Ett naethin but pork.
She wid chaw up her bacon wi glee.
But she moved tae New York
On the back o a stork –
Noo it's bagels an burgers for tea.

Sheena Blackhall

JEANIE DEANS

Jeanie Deans
Telt aw her freens
She wid *niver* tell a lee.
But when a smell
Escaped hersel
She cried, "It wisna me!"

"It wis the beans,"
Said Jeanie Deans,
"That made that ill wind blaw."
They said, "Tak care,
There's mair hot air
Blawin oot yer mooth an aw!"

James Robertson

BEANS
Surprise

Bionic Billy

Ah'm cried Bionic Billy,
Hauf laddie, hauf machine,
Wi pooer-assisted hurdies,
An telescopic een.

Ah'm the strang-est, fastest, gleggest lad
In this or ony toun,
But ah cannae hae beans fur denner
Or ah'd flee aff tae the moon.

Gregor Steele

Plook

I burst a plook
Ontae ma keekin-gless
Like a rocket tae the moon
The blast
Caught me bi surprise
Fester than the speed o licht
It flew
A wobblin comet o white streamin spew
An left ma neb
Bereft an toom
Never mind
Ma mither said
There'll be anither alang in a day or two.

Dougie Watt

MISS McCURDIE

(a laddie's luve poem tae his history teacher)

O ma dear Miss McCurdie,
Ma hert cries oot fur ye,
Ye are ma very favourite,
Efter Slipknot, an fush fur tea.

O ma dear Miss McCurdie,
I luve ye wi aw ma micht,
Frae the tips o yir taes tae yir pearly teeth,
Which ye tak oot at nicht.

O ma dear Miss McCurdie,
Ma luve it kens nae limit,
Ye mak ma hert beat faster
Ablow ma Co-op simmit.

O ma dear Miss McCurdie,
Wi yir braw looks an yir wit,
I hinnae done ma hamework...
Gaun – let us aff wi it.

Gregor Steele

HARRY

Harry's got a piler
He drives it like the Barrs
He drove it roon the Milky Way
Then crashed it intae Mars

Harry has a boomerang
He flings it in the air
It aye comes skitin back tae earth
An centre-pairts his hair

Harry's got an Action Man
His sister's got a Cindy
Harry picks her dolly up
An chungs it oot the windae

Harry's got a Play Station
It's much mair fun than conkers
He plays it throu the day an nicht
It drives his mither bonkers

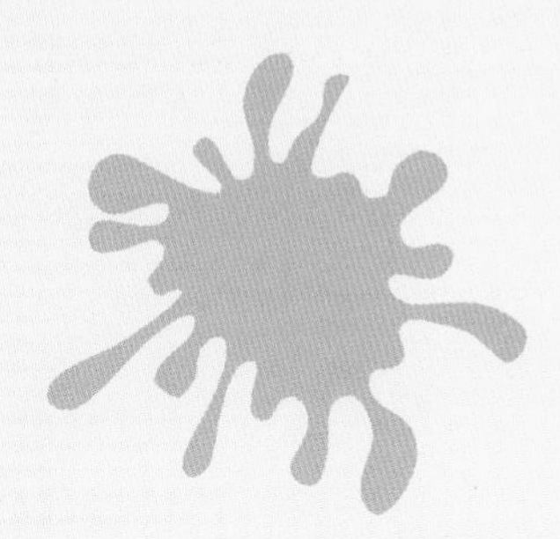

Noo Harry's fund a muckle aix
He thinks it grand an rare
Tae he chaps ane o his fingirs aff –
Harry's no comin oot tae play the day

Matthew Fitt

KING O THE MIDDEN

Oor clatty dug Gromit
Aye licks at the vomit
My wee baby sister
  (Jist eftir her bottle)
Boaks oot oan the rug
  – An then he licks me!
An my grannie says: "See thon dug?
  He's king o the midden!"

Oor budgie Magoo
The first time he flew
Roon the livin room loose
  Drapped a dizzen wee poos
Oot o thin air.
Noo he'll perch oan yir shouder
An nibble yir ear
An lee jist the yin bool
  Stuck tae yir hair.
An my grannie's taught him tae say:
  "King o the midden!
  King o the midden!"

E'en worse than the budgie
'S the humph in oor cludgie
Eftir my Da's been
  Sat there oan the pan
Quarter an oor wi a fag.
  Thon wad mak ye gag!
An my grannie shouts up:
  "Open the windae,
  Ye king o the midden, ye!"

But worse than the lavvy
Or the waff aff a scaffy
Is the guff in my big brither's room.
  The ming o his oxters
  The bowf aff his boxers
  The wheech o his socks're
Jist no tae be hidden.
Aye, Jim's socks could hop
  By theirsels tae the tap
O the heap and shout oot:
  "Smell us! We're king o the
  midden!!"

James McGonigal

BACON ROLL

wi apologies tae Cliff Richard

Goat masel a greasy, squeezy, triple cheesy bacon roll.
Gaun tae gang doon nice an easy, it's sae greasy, bacon roll.
Goat a hungry mou an that is hoo ah'm gaun tae full the hole,
Wi ma greasy, squeezy, triple cheesy bacon roll.

Tak a look at the breid, it's braw!
It's got pickles an rid sauce an aw!
Ah'm gaun tae hae it noo wi Irn Bru,
An a snowbaw fur ma tea.

Hud masel a bowfin, hingin, honkin, mingin bacon roll.
Noo ah'm in such pain ah wush ah'd niver taen a bacon roll.
Wi an achin wame ah'm gaun hame fur ah jist cannae thole
Anither moothfae o that hingin, mingin bacon roll.

Gregor Steele

ALIEN

The man fae Mars
Wis in the kitchen
Eatin Shredded Wheat.
Whit I forgot tae tell ye wis,
His een wir on his feet.

Syne he startit on the kail,
The barley an the mutton.
Ma mither screiched
"Look at his mou –
It's on his belly button!"

Lydia Robb

THE DEPARTMENT STORE O NAE FIRES

In the department store o nae fires
Ye can shop fae morn till nicht.
Ye can buy aw that yer hert desires,
Then gae hame wi yer breeks un-alicht.

Brent Hodgson

THE FAT WIFIE'S KNICKERS

A fat wifie's knickers in Crail
Blew clean aff the rope in a gale.
Her husband said, "Hen,
Ye'll no see them again" –
But she did – on a yacht, as a sail.

Ali Christie

THE TWINS

Cammy Smith is ten year auld.
Wee Joe is his twin brither.
But naebody in Skooshy Kirk
Wid say they're like each ither.

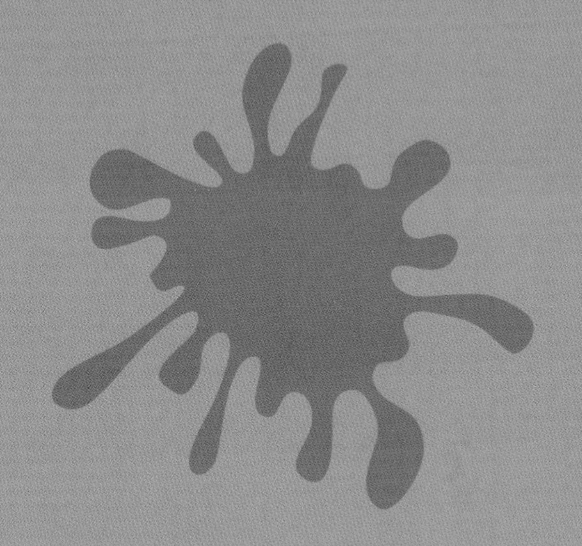

When yin o them is stervin,
The ither's wame is steched.
When yin is fou o runnin,
The ither wan is peched.

Yin will burst oot greetin
If the ither tells a joke.
Yin will slurp an swallae
If the ither's gaun tae boak.

If Cammy fancies haggis,
Then Joey jist waants neeps.
Yin's up watchin telly
While the other brither sleeps.

On Monday, Cammy's clingin
While wee Joe's neat an trig.
Next day, Cammy's gleamin
But Joe's a clorty pig.

The boys are ayewis laughin
But they never laugh thegither.
They're like that man an wifie
That tells the toun the weather.

Matthew Fitt

MRS YULE

Oor teacher, Mrs Yule,
Ayewis wore skirts tae the schule,
Till Hammy Hamster ran up her leg
An gied the sowl an awfie fleg.
He didnae come doon fur weeks an weeks –
I think he must hae got loast in her
breeks!
Mrs Yule wis in a richt fankle –
Noo she wears troosers, ticht at the
ankle!

Ali Christie

A WEE ORANGE

Mither hes a wee orange,
As roon as a bicycle rim,
An iverywhaur that Mither gaes
That orange chases efter him.

Brent Hodgson

SHETLAND CUDDIES WI WHEELS AN WI-OOT WHEELS

Thae Shetland cuddies that are wi-oot wheels,
Fae their field o grazin will niver stray;
While a study o wheeled Shetland cuddies reveals
They are fund in a new field ivery day.

Brent Hodgson

SHOPPIN AT B&Q

When ah went shoppin at B&Q,
Ah bocht a sax-fit lang piece o stream.
Ah took it hame an began tae fish,
Howpin tae catch the deep-bodied bream.
Ah wis scunnert wi ma purchase.
Fish in ma stream? There wis nane aboot.
Ah rowed it up an went back tae the store;
Chynged it for a stream fu o troot.

Brent Hodgson

THE DUMBARTON TAILOR

A tailor that hailed fae Dumbarton
Once bocht a Peruvian partan.
He trained it tae nip
And tae sned and tae snip,
An then used it for cuttin up tartan.

Matthew Fitt

TV KELLY

A TV announcer caad Kelly
Yin day had an affy sair belly.
Fur she'd drunk ower much Coke
So she gied a loud boak –
An aabody turned aff their telly.

Ali Christie

Telt Ye

Dinnae pick it up an lick it!
Big Rab drapt it, an the snotter
Is aye runnin like a spicket
Frae his neb.
Na – dinnae lick it.

Dinnae haud it up an sook it!
Big Rab spat it oot – his crookit
Teeth are yalla as his plookit
Birstly chin.
Na – dinnae sook it.

An dinnae stick it in yir pockit!
It'll lee yir troosers mockit.
Rab aye hides it in his sports sock,
It'll only gie ye jaw-lock
Frae the niff o mingin mushrooms
Growin oot his clatty feet.
Na – jist chuck it.

An listen – dinnae eat it!
... Or ye'll feel yir rummlin belly
Aw at yince
Has been concretit!

See. Telt ye!

James McGonigal

O YE CANNAE SHOVE YIR GRANNIE AFF A BUS

O ye cannae shove yir grannie aff a bus.
How no, but?

Ah mean,
Great if she's a douce wee body,
Flooer-peenied,
Knittin-oxtered,
A poke o sookie sweeties in her pocket.

Lauchs like a lintie at yir jokes,
Maks clootie dumplin fir yir birthday,
Aye supports yir team.

Some grannie
Fir somebody,
Yon.

No me
But.

Ma grannie's a
Girnin, greetin,
Toffee-brittle
Soor-ploomed
Shammy-gab.

Aye clypin tae yir faither,
Aye gripin tae yir mither,
Aye wishin she wis deid.

Shove her aff?

Ah widna even let her oan.

Margaret Tollick

VICKY THE SPIDER LASS

There wis a lass cried Vicky –
She wis very odd indeed.
She had a wee pet spider
An she kept him in her heid.
He went in throu her mooth
An he cam oot throu her neb,
An in ahint her een he spun
A muckle spider's web.

She had a wee conveyor belt
That ran atween her lugs,
An she sent him oven-ready meals
O flechs an ither bugs.
She named him Hairy Herman
For he'd awfie hairy knees,
That he used tae get a grip
Wheniver Vicky had tae sneeze.

A circus heard aboot her,
An the boss wis weel impressed.
He said, "They could be mega-stars
If *she* wis better dressed."
He pit her in a spangly frock –
"The Spider Lass" he cried her –
An he sent her roon the warld
Wi Hairy Herman there inside her.

She rode a bareback pony
On a pair o water-skis,
While Herman flew frae tooth
tae tooth
On a multi-threid trapeze.

The punters gied it laldy
For they thocht their act amazin –
Especially Herman jugglin
Thirty currants an a raisin.

But Vicky wis pure wabbit
An her back an bum were sair,
So the circus hired a man
That kept a tiger in his hair.
Noo Vicky'd made a fortune,
An she didna need tae work,
So she settled in a toun
Whaur she's an elder in the kirk.

She wears the finest claes
An she's bocht a muckle hoose,
Wi a pony in the gairden
An an attic wi a moose.
An in the kirk on Sundays
She aye greets the congregation,
An Hairy Herman waves tae them –
Which causes a sensation.

An while Willie Mack the minister
Is tryin tae preach his sermon,
The bairns keek in at Vicky's een
An wave tae Hairy Herman.
An they pey nae heed tae Willie's talk
O inattentive sinners:
They're ower busy watchin Herman
Eatin oven-ready dinners.

James Robertson

THE WEREWOLF

The werewolf has a hairy face
His razor disnae leave a trace

Reid een as bricht as chilli sauce
A coat o mawkit mingin moss

Lang nails mair like muckle claws
Can rip yer heid aff if he's cross

Howl as loud as a ghetto-blaster
Aw the dugs ken he's their master

But he disnae like yon siller bullets
They mak him TWOOO! like a
frightened hoolet!

Dougie Watt

SLIVVERS

I sookit a sweetie, the slivvers were rare.
They splashed fae ma mou an they dreeped doon the stair.
An fowk aa ower Scotland are dinin the noo
On the fine sweetie slivvers that skailed fae ma mou.
They daunced an they jinkit sae bonnie tae see.
Last seen they war haudin doon sooth by Dundee!

Sheena Blackhall

I WISH I WIS A FAIRY

I wish I wis a fairy
Wi silken gossamer wings,
Sittin on a puddock stool
Thinkin fairy things.

I'd flee aboot the country,
I'd flee aboot the toun.
I'd flee intae a fairy shop
An buy a fairy goun.

I'd flee intae a café
For a cup o fairy tea,
An BZZZT! the insect zapper
Wid mak fairy toast o me.

James Robertson

THE CHUGGIE WAW

"Got ony mair chuggie?"
"Naw ... but tak yer pick,"
Ah cry back, gledgin at the waw,
Awmaist boakin up ma bit at the thocht.

Look at it, but.
Aw thae wee white junts
Chowed in a jurmummle o gubs,
Clapt oan, stookie-like, tae that waw.

Ah kin jist see it.
A nuclear war: awbdy deid
An that waw
Wae its bits ae chuggie
Nebbin intae the void.

Ah look at the wheen o them,
Aw willin me tae add tae their airmy,
Tellin me ah canna dae onythin but
Hauch the wadge ootae ma mou
An add ma merk for aw eternity tae see.

Katie Dunn

MOBILE PHONE THEFT

Noo that mobile phone theft is on the rise,
A sensible solution ah can see:
Lugs should be glued tae the mobile phone
Jist as een are glued tae the TV.

Brent Hodgson

SOCIAL DANCIN

Ah canna staun that dancin,
The kind they mak ye dae
When ye're dashin the White Sergeant
Or the glaikit Gordons Gay.
An the teacher maks ye dae it:
"It's practice fur yer pairty."
Well, ah wid like tae tell her
That ah dinnae really care tae
Dance the Bluebell Polka
Or Strip the Willow doon
Or go tae Mairi's Weddin
Wae that scunner Katie Broon,
Or that gawky Lindsay Anderson,
Or Sarah-lee or Jade,
Or Kellyann McArthur, or Emily McDade,
Or Fiona Ross or Gemma,
Or even Dawn MacPhee –
But every single yin o them
Wants tae dance wae me!

Anne Kelly

CREATION

When God biggit the world
Ee stertit on Monday
Feenished on Setterday
Restit on Sunday

Made Man frae stoor
An Wumman frae bane
Adam an Eve
Begat Abel an Cain

But the Gairden o Eden
Went aw tapsalteerie
Hickerty pickerty
An heeliegoleerie

When the sleekit serpent's apple
Stuck
In Adam's thrapple

Hamish MacDonald

WAITER! THERE'S A HAIRY MAMMOTH AT MA TABLE

"Waiter! There's a hairy mammoth at ma table,
An he is eatin ma Hungarian Goulash."
"Weel, that is a mystery tae me, sir –
His favourite dish is bangers an mash."

Brent Hodgson

A WEE DOGGIE

Yince ah had a wee doggie made o string.
He used tae bark because he couldna sing.
Yin day ah took him a dauner tae toun
An at a lamp-post he ran roon an roon.
Noo a wee doggie ah hivna got:
He went an tied himsel intae a knot.

Brent Hodgson

FISHIN IN THE STREAM

Yin day when ah wis fishin in the stream,
Ah caucht a Royal Navy midget submarine.
It hed on boord a crew o twenty-three
O the wee-est sailors that ah hed iver seen.

Brent Hodgson

THE LATEST

See that MacLetchie?
Whit dae ye hink?
Him
Howlin an brawlin
An full o the drink

Fights wae ees shadda
Anen gets arrestit
Poor Mrs MacLetchie
She's pure flabbergestit

The Gallaghers' hoose
Is awfie untidy
Wullie MacGee
Gets ees Giro on Friday

That dug o the Smiths'
It needs pittin doon
Bit wee Chloe Fraser
An auld Mister Broon

Cheryl McKerrel an Paula
MacLafferty
Geraldine Sweeny
An big Mary Rafferty
Sheena O'Donnel
An Moira MacCafferty
Are gaun up tae Partick
for the Bingo on Saturday

The haill world's news
Ye'll soon know it aw
When ye're oot for a walk
Tae the shops wae ma Maw

Hamish MacDonald

BLUE BLUID

Flechs, flechs, if ye sookit the Queen,
Wad aabody ken fit ye hid deen?
Wid yer wings an yer strings turn Royal Blue?
Is Royalty's bluid like blaeberry stew?

Sheena Blackhall

CAPTAIN NUMPTY'S BALDY SPOT

Captain Numpty hed a baldy spot
That wis richt on the tap o his heid.
Ye widna ken it wis there the noo:
It's unner a slice o buttery breid.

Brent Hodgson

THE WIFIE FRAE WEMYSS

A silly auld wifie frae Wemyss
Wis awakened by bluid-curdlin scremyss.
When she summoned the polis
They gied her nae solace:
It semyss that the scremyss were jist dremyss.

James Robertson

SERGEANT SNODDY

Sergeant Snoddy, fae Kirkcaldy,
Set aff tae visit Fife.
He mairched a hunner miles an mair
On a jam piece fae his wife.

He didna rest till Inverness.
"Is this Fife? Tell me true, sir!"
"Upon ma life, ye *cam* fae Fife,
Ye're in the Hielands noo, sir!"

"Fae Fife?" said Snoddy.
"Naw, naw, laddie!
Wha telt ye that, ye fool?
Fife's in the west near Budapest
By the peat bogs o Kabul.

"It's up the Nile ayont Carlisle
On the Firth o Rawalpindi.
Its aroma's kent fae Rome tae Ghent –
I can smell it throu the windae."

He mairched a hunner miles an mair
Till he cam tae Dunnet Heid.
He took a sniff, fell aff the cliff,
Bounced twice an syne wis deid.

They sent his body tae Kirkcaldy
By parcel post express.
His wife said, "That's the first time Pat's
Come hame tae this address."

These words were writ upon his grave
(The tourists noo besiege it):
"Here lies Snoddy, fae Kirkcaldy,
A total utter eejit."

James Robertson

A SCOTS NURSERY

Wee radge Jack Horner
Sat in a corner
Eatin a Mars Bar in batter.
It did nae guid at aw
Tae his cholesteraw
An noo he taks naethin but watter.

Jack be nimble, Jack be quick,
Jack jumped over the candlestick.
Jack be cannie, Jack be gleg,
Pit oot the bleeze oan yer trooser leg.

Mary hud a wee pet yowe,
Twa dugs, a cat, a monkey.
She widna let them in
her room,
Sae they bided in the
shunkie.

Gregor Steele

PUDDOCKS

If puddocks war like evergreens
They'd breed the haill year roon.
Wi sic a rowth o taddie eggs
The maist o us wad droon!

Sheena Blackhall

ODE TAE A SPIDER

Hairy feet, hairy feet,
Foo hae ye hidden
Richt by ma plughole,
Ye clarty wee midden?
Hairy feet, hairy feet,
Oot the cat-flap,
Or I'll dunt ye an dunk ye
An turn on the tap!

Sheena Blackhall

ROB ROY, SUPERHERO

Rob Roy gaed tae Alice Springs
Tae teach the quines there Hielan Flings.
A kangaroo lowpit on his hat –
Noo he's a tartan bannock, flat.

Sheena Blackhall

THE LEGEND O THE LEDDY RICHMODIS

a German tale

Whan oor leddy Richmodis deed o the pest,
Her lord fair went his dinger:
"Come, lay my bonnie bride ti rest,
Wi my waddin ring aye on her finger."

Tam the grave-howker spies the gowd
(Puir sowel, his duds were manky),
Chaps aff the finger, pits back the shroud,
An withoot a "please" or "thank ye"
Wraps the bleedin chunk in his snottery hanky.

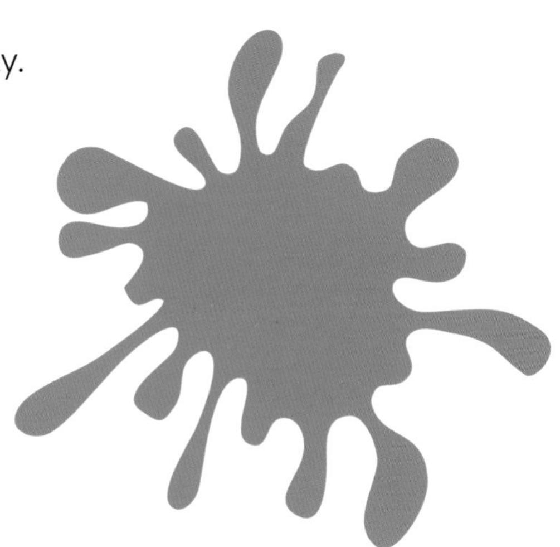

"Guidsakes!" cries Tam. "The leddy awakes!"
He draps the ring in fleein.
"I'm sair," groans the leddy, "I'll tak nae mair –
Lat somewan else dae aa this deein."

Sae her lord streetched oot oor Tam insteid.
The leddy – nae word o a lee –
Seeven braw bairns gaed on ti breed,
An their fingers numbered saxty-three.

Tom Hubbard

AALD CAPTAIN BLEH

Did ye hear aboot aald Captain Bleh?
He discovered a fleh on his peh.
He gied it a sclaff,
But the bug lowpit aff,
An noo there's a fleh in his eh.

Matthew Fitt

QUESTIONS

If mony a pickle maks a puckle
Does mony a mickle mak a muckle?
If we are aw Jock Tamson's bairns
Whit's the pynt o biggin cairns?
If yir face is trippin you
Zat mean it's really cripplin you?
Let that flee stick tae the waw –
Wull it no come aff an aw?
Zeenty teenty tethery dumpty –
Kin ye no say wan two three, ya numpty?
If sumdy cries, "Yir baw's on the slates,"
Dae ye luk fur a ledder or pit oan yir skates?
If facts are chiels that winna ding
Dae dreams no go their dinger an sing?
They say a gaun fit is aye gettin:
D'ye think aik an yew stert sweatin?
Better a wee bush than nae bield:
Bare-scud Picts on the battlefield?
Speak o the Deil an he appears,
Speak o Gode – nae fears, nae fears!

Edwin Morgan

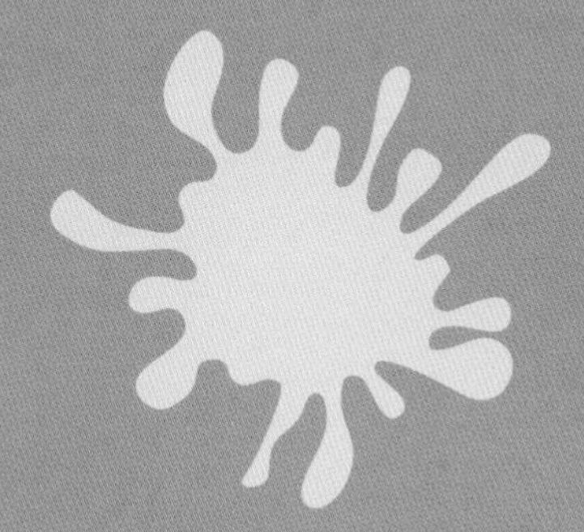

BONNYBRIG

An alien came tae Bonnybrig
In a braw wee warp-drive rocket.
He landit in a glaury park,
An then he went hame mawkit.

Gregor Steele